SOMMAIRE
LA JUSTICE EN FRANCE

Nous remercions le journal Mon Quotidien,
un journal quotidien d'actualité pour les enfants,
qui publie chaque jour une infographie destinée aux 10-14 ans.

ISBN : 2-84203-715-4. Loi n°49956 du 16 juillet 1949 sur les publications destinées à la jeunesse. Dépôt légal : Février 2005. Imprimé chez SYL (Espagne).

Crédits photos autocollants : "Un tribunal d'instance", "Le ministère de la Justice" © SCICOM - Ministère de la Justice - Chrystèle Lacene ; "Une salle d'attente pour les témoins", "Une robe de juge" © SCICOM - Ministère de la Justice - Caroline Montagné.

À retenir

1 **La France est organisée selon le pouvoir législatif, qui fait les lois, le pouvoir exécutif, qui les applique et l'autorité judiciaire, qui punit ceux qui ne respectent pas ces lois.**

2 **Dans une démocratie, il est essentiel que la justice soit indépendante du pouvoir exécutif.**

3 **Le garde des Sceaux dirige la chancellerie, c'est-à-dire le ministère de la Justice.**

4 **Il fait partie du Conseil supérieur de la magistrature, qui nomme les juges.**

5 **Les régions judiciaires sont différentes des régions que nous connaissons.**

L'organisation de la justice en France

Les trois pouvoirs

Selon les **philosophes du siècle des Lumières**, une **démocratie** ne peut fonctionner que si ses **trois grands pouvoirs** sont **indépendants** les uns des autres. Mais, dans **beaucoup de pays** la justice devait **obéir au pouvoir exécutif**. En France, ce fut le cas pendant longtemps.

Le pouvoir législatif

Il est représenté par les **députés** et les **sénateurs**. Il **fait les lois**.

L'autorité judiciaire

Elle est représentée par les **juges** et les **procureurs**. Elle **juge ceux qui ne respectent pas les lois**.

Le pouvoir exécutif

Il est représenté par le **Président**, le **gouvernement**, les **ministres** et la **police**. Il **applique les lois**.

Le garde des Sceaux

C'est ainsi que l'on appelle le **ministre de la Justice** car, depuis le **Moyen Âge**, c'est lui qui **garde les «sceaux»** (les lois) du roi, puis de la République. Il est **nommé par le président de la République et le Premier ministre**. Il **dirige** la chancellerie, c'est-à-dire le **ministère de la Justice**, à Paris.

Le Conseil supérieur de la magistrature

Il a été **créé pour que la justice française soit plus indépendante** du pouvoir exécutif. Il décide des **nominations des juges**. Il est composé du **garde des Sceaux** et aussi de **représentants du Parlement** et de **magistrats**. S'il le souhaite, le président de la République peut présider ses réunions.

La carte des cours d'appel

Les régions judiciaires, appelées «**ressorts de cours d'appel**» ne correspondent pas toujours aux régions que nous connaissons. Il existe aussi des juridictions dans les **départements et territoires d'outre-mer**.

Démocratie : régime politique dans lequel les citoyens élisent librement leurs représentants.

Siècle des Lumières : nom donné au 18e siècle à cause du mouvement philosophique qui s'est développé en Europe à cette époque.

Indépendant : qui n'est sous le contrôle de personne.

Parlement : assemblée qui vote les lois, composée en France de l'Assemblée nationale et du Sénat.

À retenir

1 **Pour que la justice remplisse bien son rôle, il faut qu'elle obéisse à certains principes.**

2 **Elle doit être équitable : tout le monde a les mêmes droits, les gens doivent pouvoir se défendre.**

3 **Elle doit être neutre (le juge est indépendant) et doit pouvoir être contestée (on peut demander à être jugé une deuxième fois par un autre juge).**

4 **Elle doit être gratuite et publique.**

Les principes de la justice

Elle doit être la même pour tous

Qu'elle soit **française** ou **étrangère**, **riche** ou **pauvre**, **puissante** ou **faible**, une personne doit être **jugée de la même façon** et profiter des **mêmes garanties** qu'une autre. Si elle ne **connaît pas bien le droit**, elle peut demander à se faire **aider par des spécialistes**.

Elle doit être équitable

Toutes les **parties**, c'est-à-dire **les gens en conflit** dans un procès, **ont les mêmes droits**. Les **accusés** peuvent **consulter les dossiers** qui les concernent **pour mieux se défendre**. Les **preuves** contre quelqu'un doivent être **obtenues en respectant la loi**.

Elle doit être neutre

Le juge doit prendre ses **décisions en toute indépendance** : il ne peut être ami ou proche de certains accusés et **ne doit pas se laisser influencer par ses opinions ou ses relations**. Il doit **expliquer** les raisons qui l'ont poussé à prononcer un jugement.

Elle doit pouvoir être contestée

Pour les affaires importantes, si quelqu'un n'est **pas content de la décision d'un juge**, il peut **faire appel**, c'est-à-dire demander à ce que l'affaire soit **rejugée par un autre tribunal**. Il peut aussi demander que la **Cour de cassation** vérifie que **le droit a été bien appliqué**.

Elle doit être gratuite

Les **juges** ne sont pas **payés** par les gens qu'ils jugent mais **par l'État**. En revanche, **il faut payer les avocats, les huissiers**... Si un **procès** est **gagné**, les **frais** peuvent être **remboursés par la partie adverse**. Les gens qui n'ont **pas assez d'argent** ont droit à une **aide juridictionnelle** payée totalement ou en partie par l'**État**.

Elle doit être publique

Les procès ont lieu en public (sauf pour certaines affaires, comme celles avec des enfants). Les **juges** peuvent **délibérer en privé** mais ils doivent **prononcer leur jugement en public**. Les jugements sont écrits.

Garantie : certitude, assurance.
Frais : dépenses.
En public : devant des personnes.
Délibérer : réfléchir à la décision à prendre.
En privé : sans que d'autres personnes soient là.

À retenir

1 Le droit est l'ensemble des règles que nous devons respecter.

2 Il est issu de sept sources (dans l'ordre d'importance) : les traités internationaux, les lois européennes, la Constitution, les lois françaises, les règlements de l'administration, les coutumes (les principes admis par tout le monde) et la jurisprudence (les jugements déjà prononcés).

3 Le droit est rassemblé par thème dans des codes. Les codes les plus célèbres sont le Code civil et le Code pénal.

Le droit en France

Les sources du droit

Le **droit** est l'**ensemble des règles** que **chacun doit respecter**. Ces règles n'ont pas été décidées ou écrites en une seule fois. Elles sont **souvent modifiées. Il existe plusieurs sortes de textes.**

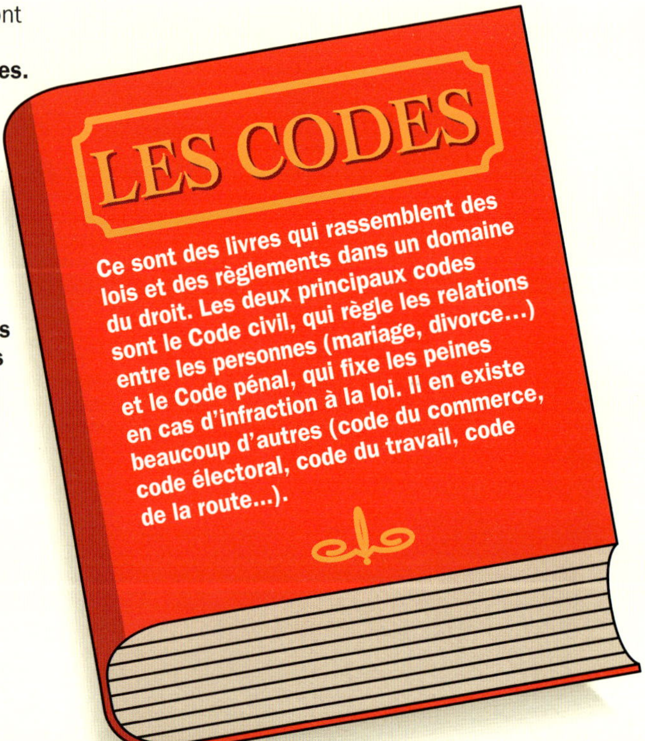

1 Les traités et les conventions

Quand le gouvernement français **signe un traité** international, il faut ensuite que **les lois françaises en tiennent compte**.

2 Les lois européennes

Appelées **directives**, elles sont **votées par les dirigeants** et les **députés de l'Union européenne** (UE). Elles doivent s'appliquer à tous les États membres de l'UE.

3 La Constitution

Les **lois** doivent **respecter la Constitution**, un texte qui fixe les **principes de notre République** et qui ne peut être **changé** que par au moins **3/5e des représentants** du pouvoir législatif (députés et sénateurs) **ou par référendum**. La dernière date de **1958**.

4 Les lois

Elles sont votées par les **députés** et les **sénateurs** pour adapter le droit aux **évolutions** de la société.

5 Les règlements

Ce sont les **textes** qui expliquent **comment doivent s'appliquer les lois**.

6 Les coutumes

Ce sont des **principes non écrits** sur lesquels **presque tout le monde est d'accord**. Ils peuvent **guider** ceux qui font les lois et ceux qui jugent.

7 La jurisprudence

C'est l'**ensemble des décisions** des tribunaux, qui ne sont ni des lois, ni des règlements. Elles **peuvent servir de référence pour de nouveaux cas** à juger.

Traité : texte signé par plusieurs pays qui s'engagent à l'appliquer.

Référendum : vote de tous les électeurs pour accepter ou refuser un projet du gouvernement.

À retenir

1 **Il existe trois grandes sortes de justice en France.**

2 **La justice civile s'occupe des conflits entre les personnes.**

3 **La justice pénale punit quelqu'un qui n'a pas obéi à la loi.**

4 **La justice administrative juge les conflits en rapport avec les pouvoirs publics (administration, mairies...).**

5 **Il existe aussi des justices spécialisées (pour les conflits du travail, les entreprises, les enfants...).**

Les différentes formes de justice

La justice civile

Elle est appliquée **pour régler un problème entre deux ou plusieurs personnes**.

- **Un inventeur est furieux car une entreprise utilise son invention sans rien lui payer.**
L'affaire est jugée au tribunal de grande instance.

- **Un propriétaire veut que son locataire lui paye son loyer.**
L'affaire est jugée au tribunal d'instance ou par un juge de proximité.

La justice pénale

Elle est appliquée **pour punir une personne qui n'a pas obéi à la loi**.

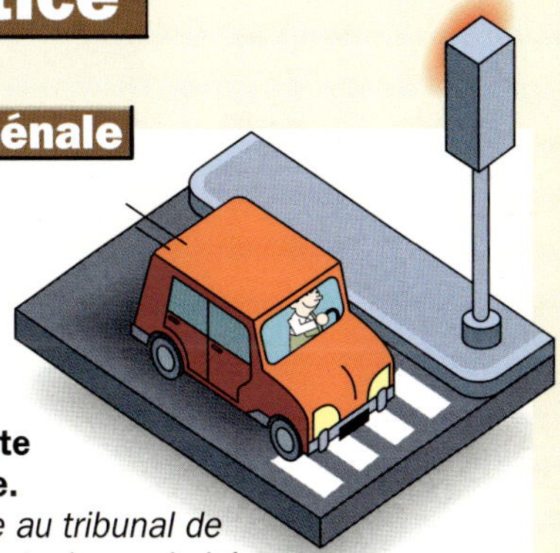

- **Un automobiliste grille un feu rouge.**
L'affaire est jugée au tribunal de police ou par un juge de proximité.

- **Un voleur commet un cambriolage.**
L'affaire est jugée au tribunal correctionnel.

- **Une personne en tue une autre.**
L'affaire est jugée en cour d'assises.

La justice administrative

Elle est appliquée pour régler les conflits entre citoyens et pouvoirs publics (administration, communes, départements, régions...).

- **Un propriétaire refuse que la future autoroute passe dans son jardin.**
L'affaire est jugée au tribunal administratif.

Les autres justices

- **Un salarié refuse d'être licencié par son entreprise.**
L'affaire est jugée au conseil de prud'hommes.

- **Un retraité estime que sa caisse de retraite ne lui paye pas assez d'argent.**
L'affaire est jugée au tribunal de Sécurité sociale.

- **Un propriétaire veut changer d'agriculteur pour sa ferme mais l'agriculteur actuel ne veut pas partir.**
L'affaire est jugée au tribunal des baux ruraux.

- **Un commerçant estime qu'il a été trompé sur la marchandise par un fournisseur.**
L'affaire est jugée au tribunal de commerce.

- **Un enfant a vendu de la drogue.**
L'affaire est jugée au tribunal pour enfants.

Administration : service qui dépend de l'État.
Locataire : personne qui loue une maison ou un appartement à un propriétaire.
Licencié : renvoyé par son entreprise.
Fournisseur : personne qui vend un produit à une entreprise.

À retenir

1. Dans chaque ville, le palais de justice abrite les tribunaux les plus importants.
2. Il peut aussi abriter la cour d'assises (qui juge les crimes) et la cour d'appel (qui juge une deuxième fois les affaires).
3. Le greffe est tenu par les greffiers, qui notent ce qui se passe pendant le procès et tiennent les archives du tribunal.
4. Dans les endroits éloignés du tribunal, il existe des maisons de la justice et du droit pour les petites affaires et les renseignements.

Le palais de justice

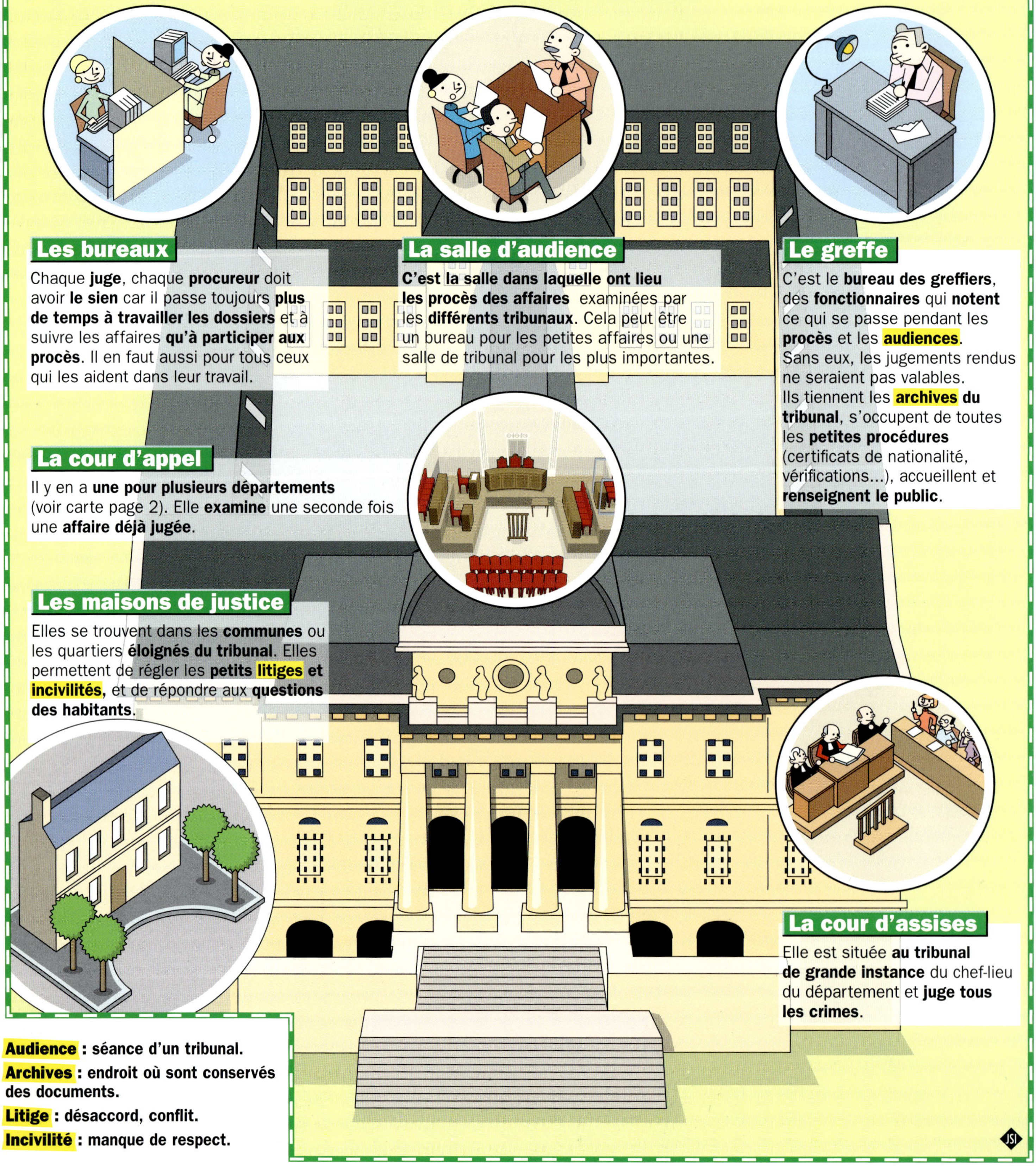

Les bureaux

Chaque **juge**, chaque **procureur** doit avoir **le sien** car il passe toujours **plus de temps à travailler les dossiers** et à suivre les affaires **qu'à participer aux procès**. Il en faut aussi pour tous ceux qui les aident dans leur travail.

La salle d'audience

C'est la salle dans laquelle ont lieu les procès des affaires examinées par les **différents tribunaux**. Cela peut être un bureau pour les petites affaires ou une salle de tribunal pour les plus importantes.

Le greffe

C'est le **bureau des greffiers**, des **fonctionnaires** qui **notent** ce qui se passe pendant les **procès** et les **audiences**. Sans eux, les jugements rendus ne seraient pas valables. Ils tiennent les **archives du tribunal**, s'occupent de toutes les **petites procédures** (certificats de nationalité, vérifications...), accueillent et **renseignent le public**.

La cour d'appel

Il y en a **une pour plusieurs départements** (voir carte page 2). Elle **examine** une seconde fois une **affaire déjà jugée**.

Les maisons de justice

Elles se trouvent dans les **communes** ou les quartiers **éloignés du tribunal**. Elles permettent de régler les **petits litiges et incivilités**, et de répondre aux **questions des habitants**.

La cour d'assises

Elle est située **au tribunal de grande instance** du chef-lieu du département et **juge tous les crimes**.

Audience : séance d'un tribunal.
Archives : endroit où sont conservés des documents.
Litige : désaccord, conflit.
Incivilité : manque de respect.

À retenir

1 **Les juges sont appelés les magistrats du siège car ils prononcent leur verdict assis.**

2 **Les juges d'instance et de grande instance sont des juges généralistes, qui s'occupent des affaires pénales et civiles.**

3 **Les juges spécialisés ne s'occupent que de certaines affaires (divorces, enfants) ou de certaines procédures (juge d'instruction, juge de l'application des peines).**

4 **Les juges non professionnels siègent dans certains tribunaux spécialisés ou sont jurés dans les cours d'assises.**

Les juges

Les magistrats du siège

Les juges sont appelés ainsi car ils **parlent et prononcent leur délibéré assis** (ils ne se lèvent pas pour parler comme les avocats et les procureurs).

Les juges généralistes

Les juges portent une **robe** noire ou rouge **pendant le procès**.

- **Le juge d'instance**
Il traite les **petites infractions** au **tribunal de police** et les **petits litiges** au **tribunal d'instance**.
- **Le juge de grande instance**
Il traite l'**essentiel des affaires** qui dépendent de la **justice civile** (au tribunal de grande instance) ou de la **justice pénale** (au tribunal correctionnel).
- **Le président du tribunal**
Il dirige et organise son tribunal.

Comment devient-on juge ?

Tous les magistrats de France (juges, procureurs..) sont formés à l'**École nationale de la magistrature**, à **Bordeaux**.

Les juges spécialisés

- **Le juge aux affaires familiales**
Il juge seul les **litiges familiaux** et en particulier les **divorces**.

- **Le juge de l'application des peines**
Il est chargé de **suivre les condamnés** à l'intérieur ou en dehors de la **prison**.

- **Le juge d'instruction**
Il est **désigné par le président du tribunal**. Il est à la fois **enquêteur** (recherche d'informations, interrogatoires...) **et juge** (**mandats d'arrêt**...).

- **Le juge des enfants**
Il préside le **tribunal pour enfants** et prend les décisions pour les **moins de 18 ans**.

Les juges non professionnels

- **Dans les tribunaux spécialisés** (tribunaux de **commerce**, des **baux ruraux**, de **Sécurité sociale**, conseils de **prud'hommes**), ils sont **élus** parmi les **gens de la profession** pour juger (chefs d'entreprises, agriculteurs, **salariés**...).

- **Dans les cours d'assises**, les jurés sont **tirés au sort dans la population** pour décider du verdict avec les juges.

Cour d'assises : tribunal qui juge les crimes.

Délibéré : réflexion des magistrats avant de rendre leur jugement.

Mandat d'arrêt : ordre d'arrêter quelqu'un.

Salarié : personne employée et payée par une entreprise.

À retenir

1. Les procureurs sont appelés les magistrats du parquet, la magistrature debout ou le ministère public.
2. Ils sont nommés par la chancellerie et défendent l'intérêt de l'État ou de la société.
3. Avant le procès, le procureur dirige l'enquête et prend les grandes décisions.
4. À la fin du procès, il requiert une peine, c'est-à-dire qu'il demande l'application de la loi.
5. Après le procès, il veille à ce que le condamné exécute sa peine.

Les procureurs

Le parquet

C'est le **nom donné à l'ensemble des procureurs**. Ils sont aussi appelés «**la magistrature debout**» (car **ils se lèvent pour parler** au procès) ou «**le ministère public**» (car **ils défendent l'intérêt de l'État** ou de la société).

Avant le procès

Quand **quelqu'un porte plainte**, c'est le **procureur** qui **décide** si cette plainte est **justifiée** ou pas. Il **dirige aussi l'enquête** des services de police judiciaire et **contrôle les gardes à vue**.

À la fin du procès

Le procureur est chargé de prendre des «**réquisitions**» : il **explique en quoi** le **prévenu** ou l'accusé a **enfreint la loi** et il **propose** aux juges **une condamnation**.

Après le procès

Le procureur est **responsable de l'exécution des peines** : il doit veiller à ce que le condamné effectue bien la peine décidée au procès. Il **représente aussi l'État** devant les **tribunaux de commerce** et prend des **décisions** concernant l'**état civil** (nom de famille, adoption, tutelle...).

Des noms différents

Suivant qu'ils travaillent **dans un tribunal ou une cour d'appel**, suivant leur **rang hiérarchique**, les procureurs n'ont pas toujours le même nom. Attention : **un avocat général n'est pas un avocat** !

Dans les tribunaux

À la cour d'appel

Justifier : expliquer par des raisons valables.

Garde à vue : arrestation pour interroger une personne au poste de police.

Prévenu : personne qu'on soupçonne d'avoir enfreint la loi.

Enfreindre : désobéir.

À retenir

❶ L'avocat défend et conseille ses clients, qui lui payent des honoraires.

❷ À la fin du procès, il plaide pour que son client ne soit pas condamné ou ait une peine moins lourde que celle demandée par le procureur.

❸ Quand le client ne peut pas payer un avocat et que la présence de ce dernier est obligatoire, il a un avocat commis d'office.

❹ Tous les avocats d'un tribunal font partie d'un barreau dirigé par un bâtonnier.

❺ L'avocat peut aussi donner des conseils car il connaît très bien le droit.

Les avocats

Le barreau

Il **regroupe tous les avocats** et s'occupe des **affaires de la profession** (admission des nouveaux avocats, règlement, discipline).

Leur mission

L'avocat **défend et conseille** ses clients. C'est un **libéral**, il n'est pas **fonctionnaire**. **Ses clients lui payent des honoraires.** L'avocat ne s'occupe pas seulement des procès. Comme **il connaît très bien le droit**, des gens lui demandent des **conseils pour savoir ce qu'il faut faire** dans tel ou tel cas.

Le secret professionnel

Le **client** peut **tout dire** à son avocat, même ce qu'il n'a **pas dit aux enquêteurs** (les policiers, le juge d'instruction). S'il n'a pas son autorisation, l'**avocat** n'a le droit de **dire à personne** ce que lui a dit son client.

La plaidoirie

À la fin du **procès pénal**, l'avocat plaide : il prend la **parole**, **avant** le **procureur** s'il **défend une victime** et **après** le procureur s'il **défend un prévenu ou un accusé**. La **plaidoirie** est un discours dans lequel l'avocat essaye de **convaincre les juges** que son client est **innocent** ou ne mérite pas une **condamnation** aussi dure que celle demandée par le procureur.

Pour **plaider**, les avocats doivent mettre une **robe**, une grande tenue **noire** avec un col blanc.

Honoraires : somme d'argent versée aux professions libérales par leurs clients.

Libéral : personne qui n'est pas salariée et travaille pour son compte.

Fonctionnaire : personne qui travaille pour l'État.

L'avocat commis d'office

Pour de nombreux procès, il est **obligatoire d'être représenté par un avocat**. Ceux qui n'ont **pas beaucoup d'argent** pour le payer ont droit à un **avocat désigné par le tribunal**, que l'on appelle un **avocat commis d'office.**

Comment devient-on avocat ?

Il faut faire environ **4 années d'études de droit** puis passer un **examen** pour entrer dans un **centre de formation professionnelle** des avocats. Après **1 an** d'études, il faut passer le **CAPA** (certificat d'aptitude à la profession d'avocat) et faire **deux ans de stage** dans un cabinet d'avocats.

À retenir

1 Les enfants et adolescents ne sont pas jugés comme les adultes.

2 Pour les **infractions** les moins graves, ils sont jugés par le juge des enfants.

3 Pour les infractions plus graves, les délits ou les crimes, ils sont jugés par le tribunal pour enfants.

4 Le juge des enfants s'occupe aussi des enfants en danger (maltraités, mal nourris...).

5 Il prononce des mesures et sanctions éducatives pour aider les jeunes et leurs familles et demande à des éducateurs de la Protection judiciaire de la jeunesse de s'en occuper.

La justice des mineurs

Le juge des enfants

C'est un juge **spécialisé** du tribunal de **grande instance**. Il **protège** les **mineurs** en danger (mal nourris, qui ne vont pas à l'école...). Il juge seul, dans son bureau, les **mineurs** poursuivis pour les faits les **moins graves**. Il les **confie** ensuite à des **services spécialisés**.

Les mesures et sanctions éducatives

Quand l'enfant ou l'adolescent **a moins de 13 ans** ou que les **sanctions pénales** ne sont pas adaptées, le juge peut simplement le **réprimander** (admonestation), l'obliger à **réparer les conséquences** de ce qu'il a fait ou **réduire sa liberté** (placement dans un **établissement spécialisé**). Pour cela, des **éducateurs** suivent l'adolescent, **en liaison permanente avec le juge.**

Les peines

Un adolescent entre **13** et **18 ans** peut être **condamné** (par exemple à une **amende,** à une **peine de prison** dans les cas les plus graves...). Il sera dans tous les cas **suivi par un éducateur.**

La Protection judiciaire de la jeunesse

Elle regroupe des spécialistes (enseignants, psychologues...) qui **s'occupent** des **enfants** et des adolescents **en danger** ou **délinquants**. Des **éducateurs** et des spécialistes **prennent en charge** les jeunes et essayent de les **remettre sur la bonne voie** ou de leur assurer un retour à la vie **normale.**

Le tribunal pour enfants

Il **juge** les **infractions les plus graves** commises par des mineurs : **vols, violences graves, crimes** (moins de 16 ans). Il est composé du **juge des enfants** et de **deux assesseurs** (des citoyens intéressés par les problèmes de la jeunesse). Les **mineurs de plus de 16 ans** qui ont commis des **crimes** sont jugés par une **cour d'assises des mineurs** (composée d'un président, de deux juges des enfants et de neuf jurés).

Infraction : action interdite par la loi.
Mineur : qui a moins de 18 ans.
Réprimander : gronder.
Délinquant : personne qui ne respecte pas la loi.

Le Quiz ! DES INCOLLABLES

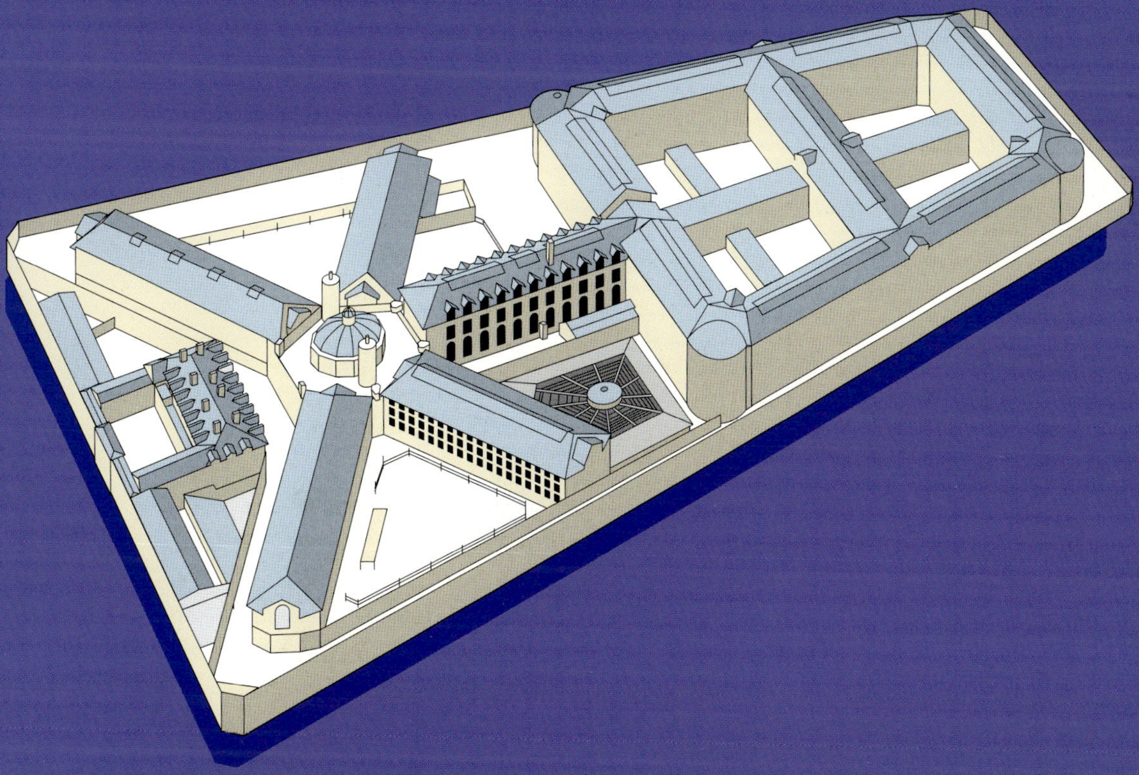

Es-tu prêt pour un petit test malin ?
De quoi te faire devenir incollable sur le sujet, et piéger tes amis et tes parents.

1 Quel est le synonyme de “ministre de la Justice” ?
- *Garde du ministère*
- *Garde des Sceaux*
- *Garde des lois*

2 Dans une ville, comment appelle-t-on le lieu où se trouvent les tribunaux ?

3 Vrai ou faux ? Les enfants sont jugés par les mêmes tribunaux que les adultes.

4 Quelle personne de loi défend les intérêts de l’État ou de la société ?

5 Qui vote les lois en France ?
- *les ministres*
- *les juges*
- *les députés et sénateurs*

6 Vrai ou faux ? Une audience à huis clos se fait sans public.

7 Quels sont les 3 principaux types de justice en France ?

8 En 4 lettres, vêtement noir ou rouge porté par un magistrat pendant le procès.

9 Comment appelle-t-on le document qui détaille toutes les conditions d’un divorce ?
- *la constitution*
- *la conversion*
- *la convention*

10 Quelle école permet de devenir magistrat ?

11 Quel pouvoir, qui applique les lois, est représenté par le président de la République, les ministres et la police ?

12 Vrai ou faux ? Celui qui note ce qui se passe pendant les procès et les audiences s’appelle un scribe.

13 En 4 lettres, personne tirée au sort dans la population pour décider du verdict avec les juges en cour d’assises.

14 Si un voleur commet un cambriolage, quelle justice va être appliquée ?
- *la justice pénale*
- *la justice civile*
- *la justice administrative*

15 Dans quelle pièce les détenus peuvent-ils parler avec ceux qui leur rendent visite ?

Un tribunal d'instance

Le ministère de la Justice

Un avocat

Une salle d'attente pour les témoins

Un surveillant pénitentiaire

Un juge des enfants

Un greffier

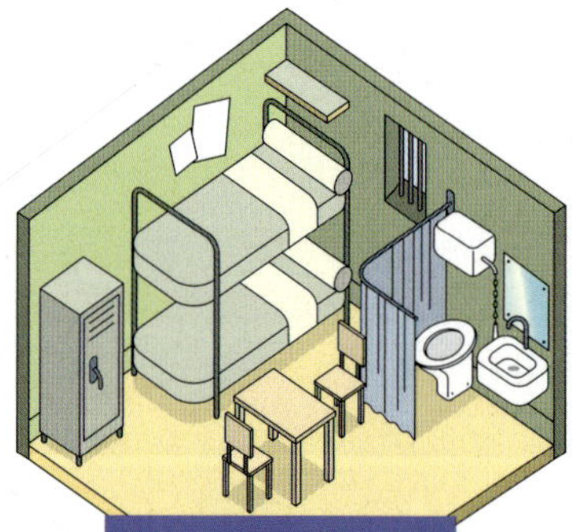
Une cellule

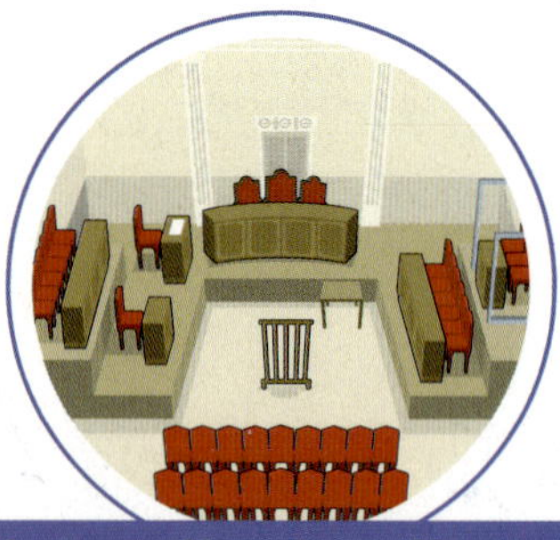
Une salle de tribunal

Un accusé

Un président de tribunal assisté de 2 juges

Un témoin

Un juge anglais

Un procureur

Un parloir de prison

La promenade des détenus

Les noms de procureurs
(tribunaux)

Des éducateurs et spécialistes de la Protection judiciaire de la jeunesse

Les noms de procureurs
(cour d'appel)

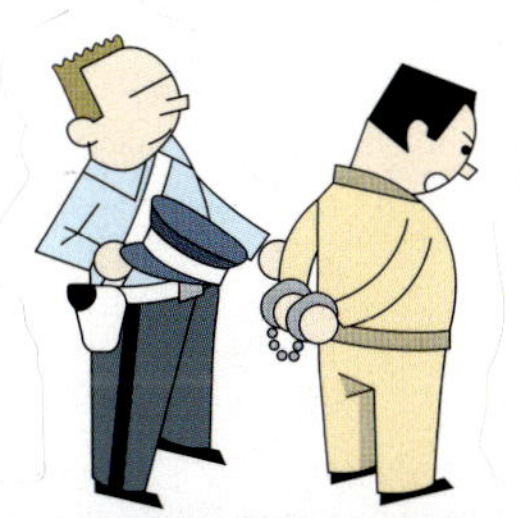

Une arrestation

Un interrogatoire

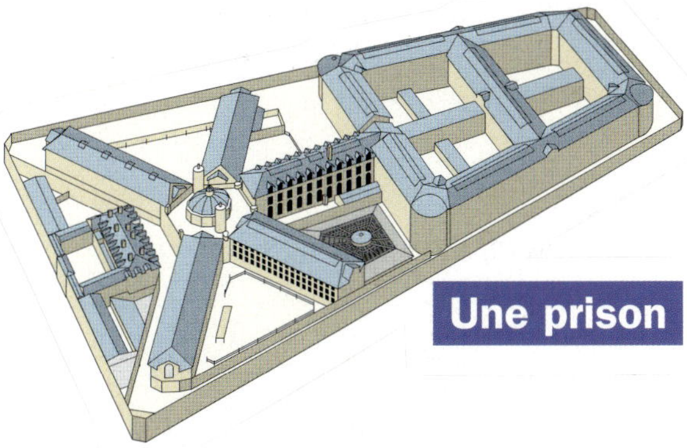

Une prison

Un palais de justice

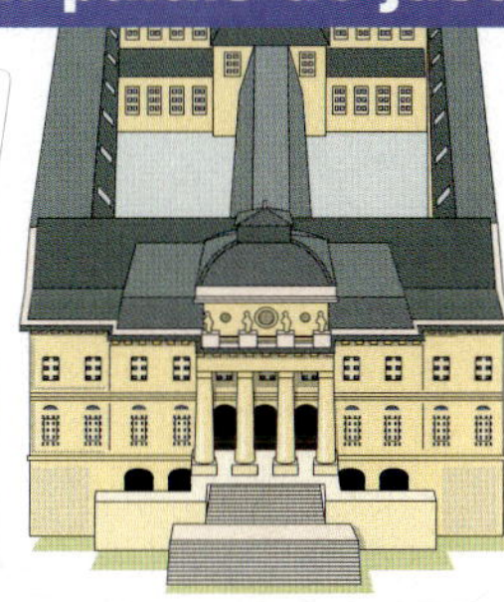

Le public

Les cours d'appel

Une robe de juge

L'entretien d'un suspect et de son avocat

Le tribunal de police
(pour les contraventions)

Le tribunal correctionnel
(pour les délits)

La cour d'assises
(pour les crimes)

16 Vrai ou faux ? L'avocat est payé par l'État.

17 Comment appelle-t-on le maintien d'un suspect pendant un temps limité dans un commissariat ou une gendarmerie ?

18 Que fait le Conseil supérieur de la magistrature ?
- *il fait les lois*
- *il nomme les juges*
- *il nomme le garde des Sceaux*

19 Comment appelle-t-on une personne qui n'a pas été encore jugée ?

20 Vrai ou faux ? Pendant une garde à vue, un suspect a le droit de voir un avocat.

21 Dans la majorité des cas, en France, les procès ont-ils lieu en public ou en privé ?

22 Comment appelle-t-on l'ensemble des procureurs ?
- *les magistrats du siège*
- *les magistrats du parquet*
- *le barreau*

23 Comment appelle-t-on un avocat désigné par le tribunal pour défendre ceux qui n'ont pas assez d'argent pour en payer un ?

24 En 5 lettres, livres dans lesquels sont rassemblés des lois et des règlements.

25 Comment appelle-t-on le discours d'un avocat à la fin d'un procès, dans lequel il défend son client ?

26 Quel tribunal juge les crimes ?
- *la cour d'appel*
- *la cour d'assises*
- *la salle d'audience*

27 Que signifie la réclusion à perpétuité ?

28 Vrai ou faux ? Une personne qui n'est pas satisfaite de la décision d'un juge peut demander que l'affaire soit rejugée par un autre tribunal.

29 Vrai ou faux ? Les juges sont payés par les gens qu'ils jugent.

30 Quel tribunal va juger une personne qui a commis un vol ?
- *le tribunal de police*
- *le tribunal correctionnel*
- *la cour d'assises*

Le Quiz ! des incollables

Réponses

1. Garde des Sceaux.
2. Le palais de justice.
3. Faux (ils sont jugés soit par un juge pour enfants, soit par un tribunal pour enfants).
4. Le procureur.
5. Les députés et sénateurs.
6. Vrai.
7. La justice civile, la justice pénale et la justice administrative.
8. Robe.
9. La convention.
10. L'École nationale de la magistrature à Bordeaux.
11. Le pouvoir exécutif.
12. Faux, un greffier.
13. Juré.
14. La justice pénale.
15. Le parloir.
16. Faux, il est payé par ses clients (sauf les avocats commis d'office dans certains cas).
17. La garde à vue.
18. Il nomme les juges.
19. Un prévenu.
20. Vrai.
21. En public.
22. Les magistrats du parquet.
23. Un avocat commis d'office.
24. Codes.
25. La plaidoirie.
26. La cour d'assises.
27. L'emprisonnement à vie.
28. Vrai (la justice peut être contestée).
29. Faux, ils sont payés par l'État (la justice est gratuite).
30. Le tribunal correctionnel.

Alors, quel est ton score ?

De 0 à 10 bonnes réponses :
Tu peux certainement mieux faire…

De 11 à 20 bonnes réponses :
C'est un bon début, mais tu peux encore progresser…

De 21 à 30 bonnes réponses :
C'est bien, surtout si tu as les 30 bonnes réponses…

À retenir

1 **Quand deux adultes mariés ne veulent plus vivre ensemble, ils peuvent divorcer.**

2 **S'ils sont d'accord, c'est un divorce par consentement mutuel.**

3 **S'il n'y a pas d'accord entre les époux, le divorce peut être plus long et plus compliqué.**

4 **Les deux parents exercent en principe l'autorité parentale : ils prennent tous les deux les décisions à propos de l'éducation des enfants.**

5 **C'est le juge aux affaires familiales qui prononce le divorce.**

Le divorce

1 — **Julien et Marie** sont **mariés** mais ils **ne s'entendent plus** du tout.

2 — S'ils sont **d'accord** tous les deux **pour divorcer**, ils vont demander un **divorce par consentement mutuel.**

Ils prennent un avocat qui va **déposer la demande de divorce** au tribunal et mettent au point avec lui la **convention.**

3

La convention

C'est un document qui **détaille toutes les conditions du divorce** (où vont habiter les enfants, à qui iront les choses achetées ensemble...).

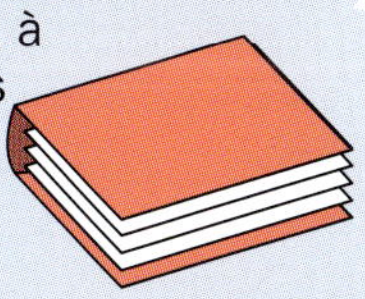

Quand les époux ne sont pas d'accord

Quand les époux ne sont pas d'accord, **c'est le juge qui décide.** Cela peut donc être **plus long et plus compliqué.** Si les époux ne s'opposent que sur les conditions du divorce, c'est le juge qui décide pour eux. **Quand un seul des époux souhaite divorcer,** il doit prouver devant le juge qu'ils sont séparés depuis au moins deux ans ou que son époux a commis une faute qui l'empêche de continuer à vivre avec lui.

Le juge aux affaires familiales

C'est un juge spécialisé du **tribunal de grande instance**. C'est lui qui **reçoit les époux** qui veulent divorcer, prononce le divorce et **décide des conditions quand ils ne sont pas d'accord.**

4 — Ils sont **convoqués par le juge aux affaires familiales** qui examine la convention et **vérifie qu'ils sont bien d'accord** avant de **prononcer le divorce.**

En cas de désaccord entre les parents, le juge décide chez lequel des deux parents les **enfants habiteront**. Les enfants verront l'autre parent **aux dates décidées par le juge** (par exemple pendant le week-end et une partie des vacances). Le juge peut aussi **décider** que les enfants **vivront chez chacun des parents** (par exemple une semaine sur deux). **Même divorcés,** les deux parents exercent en principe l'**autorité parentale** ; c'est-à-dire qu'ils prennent **tous les deux** des décisions à propos de l'**éducation** des enfants.

5

La pension alimentaire

Le parent avec qui les **enfants habitent** le plus souvent **reçoit** de la part de l'autre parent une **pension alimentaire.** C'est **une somme d'argent versée tous les mois** pour l'aider à s'occuper des enfants (frais scolaires, vêtements, loisirs...).

Époux : homme et femme unis par le mariage.

Consentement : accord entre deux personnes.

Convoquer : faire venir quelqu'un.

À retenir

1 **Pendant la garde à vue, une personne suspectée par la justice de ne pas avoir respecté la loi est interrogée par les policiers ou les gendarmes.**

2 **La garde à vue dure une journée mais elle peut être prolongée une journée de plus. Dans certaines affaires elle peut durer 4 jours.**

3 **Le procureur contrôle la garde à vue.**

4 **Le suspect peut voir un avocat et avertir ses proches mais il ne peut pas sortir.**

5 **Entre les interrogatoires, il est dans une cellule.**

La garde à vue

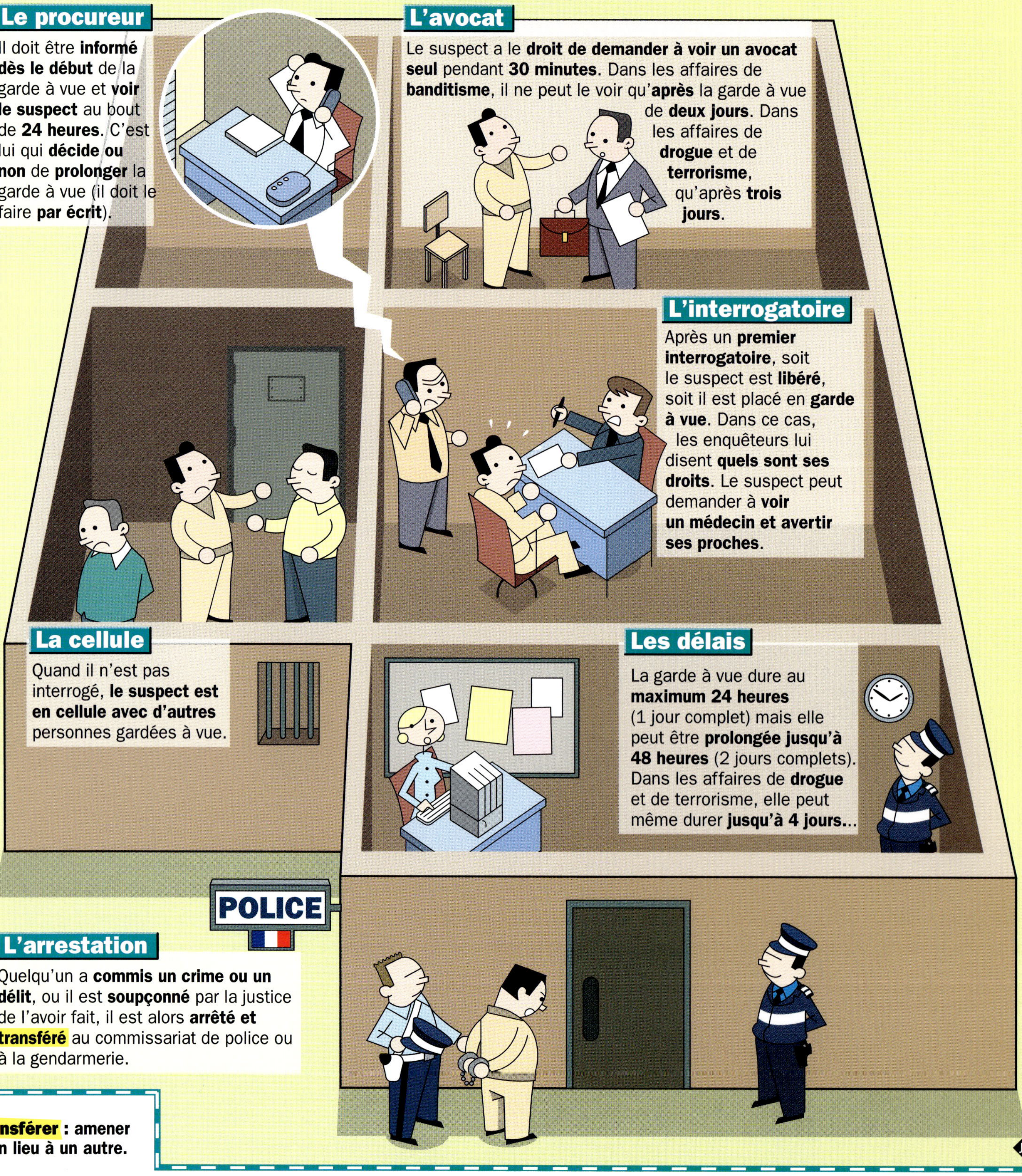

Le procureur

Il doit être **informé dès le début** de la garde à vue et **voir le suspect** au bout de **24 heures**. C'est lui qui **décide ou non** de **prolonger** la garde à vue (il doit le faire **par écrit**).

L'avocat

Le suspect a le **droit de demander à voir un avocat seul** pendant **30 minutes**. Dans les affaires de **banditisme**, il ne peut le voir qu'**après** la garde à vue de **deux jours**. Dans les affaires de **drogue** et de **terrorisme**, qu'après **trois jours**.

L'interrogatoire

Après un **premier interrogatoire**, soit le suspect est **libéré**, soit il est placé en **garde à vue**. Dans ce cas, les enquêteurs lui disent **quels sont ses droits**. Le suspect peut demander à **voir un médecin et avertir ses proches**.

La cellule

Quand il n'est pas interrogé, **le suspect est en cellule avec d'autres** personnes gardées à vue.

Les délais

La garde à vue dure au **maximum 24 heures** (1 jour complet) mais elle peut être **prolongée jusqu'à 48 heures** (2 jours complets). Dans les affaires de **drogue** et de terrorisme, elle peut même durer **jusqu'à 4 jours**...

L'arrestation

Quelqu'un a **commis un crime ou un délit**, ou il est **soupçonné** par la justice de l'avoir fait, il est alors **arrêté et transféré** au commissariat de police ou à la gendarmerie.

Transférer : amener d'un lieu à un autre.

À retenir

1 Le juge d'instruction est saisi à la demande du procureur pour enquêter sur une affaire compliquée.

2 Il dirige les gendarmes et les policiers, mène certains interrogatoires et ordonne des expertises.

3 S'il pense qu'un suspect peut être coupable, il le met en examen. Il sera ensuite placé sous contrôle judiciaire, en détention provisoire ou laissé en liberté.

4 S'il le pense non coupable, il prononce un non-lieu.

5 Quand l'instruction est finie, le dossier est transmis aux juges pour le procès.

L'instruction

1 Quand la **police judiciaire** constate une **infraction**, que **quelqu'un se plaint** d'en avoir été **victime** et dépose une **plainte** ou quand il y a eu un **crime**…

2 … Le **procureur demande** qu'un **juge d'instruction** soit nommé pour mener l'**enquête** et constituer un **dossier** pour **découvrir la vérité**. Les policiers ou les gendarmes sont alors placés sous les ordres du juge d'instruction.

3 Le **juge d'instruction** va **interroger** les personnes **mises en cause**, **faire témoigner** d'autres personnes, procéder à des **confrontations** (comparer et contrôler les déclarations de deux personnes), **ordonner des expertises** (des examens par des experts).

4 Quand il pense qu'une personne est **peut-être coupable**, il la **met en examen**. Elle a désormais **droit à un avocat** qui peut **consulter le dossier** et demander l'**audition de témoins**. Le juge d'instruction peut aussi la placer sous **contrôle judiciaire**, c'est-à-dire qu'elle doit **signaler à la police** où elle va et **ce qu'elle fait**.

5 Si le juge d'instruction veut mettre la personne en **détention provisoire**, c'est-à-dire **en prison**, parce qu'il pense qu'**elle peut s'échapper** ou **gêner l'enquête**, il doit demander l'**accord du juge des libertés** et de la **détention**, un autre juge du tribunal.

Si la personne n'est **pas satisfaite** de ce qu'a décidé le **juge d'instruction**, elle peut **faire appel** à la Chambre de l'instruction.

6 À la fin de son instruction, si le **juge d'instruction pense** qu'il n'y a **pas besoin** de faire de **procès**, que la personne mise en examen n'a commis **aucune infraction**, il prononce un **non-lieu**.

7 Si le juge d'instruction pense qu'**il faut lui faire un procès**, il **renvoie** la personne devant le **tribunal correctionnel** ou la **cour d'assises** pour que le procès ait lieu. **Il transmet le dossier** qu'il a constitué **aux juges**, qui vont alors **décider du sort** du prévenu ou de l'accusé.

Plainte : déclaration à la police d'une personne victime d'une infraction.

Audition : quand des personnes doivent venir répondre aux questions du juge.

À retenir

1 Si quelqu'un commet une **infraction** mineure (contravention), il est jugé au tribunal de police.

2 Si c'est une infraction grave (délit), il est jugé au tribunal correctionnel.

3 Si c'est une infraction très grave (crime), il va devant une cour d'assises.

4 Pour certains délits et pour les crimes, le procureur désigne un juge d'instruction qui va mener l'enquête.

5 Les délits et les crimes peuvent être rejugés en appel. La Cour de cassation examine si le procès a respecté la loi.

Les étapes d'un procès pénal

(pour les majeurs)

Contravention

Jules commet une **contravention**, quelque chose d'**interdit**, comme de **conduire une voiture sans permis**.

Délit

Alphonse commet un **délit**, quelque chose **d'interdit et d'important**, comme de **voler** ou de **blesser** quelqu'un.

Crime

Gustave commet un **crime**, quelque chose d'interdit et de **très grave**, comme de **tuer** quelqu'un.

La police

Le procureur

La police qui constate l'infraction avertit le procureur qui examine l'affaire. Si c'est compliqué ou si c'est un crime, le procureur demande au juge d'instruction désigné ou à la police de faire une enquête. Si tout est clair et qu'il y a des preuves, le procureur décide que le procès peut avoir lieu.

Tribunal de police

Pour la **contravention (infraction mineure)** qu'il a commise, Jules est **convoqué au tribunal de police** où un **juge d'instance ou de proximité** décide de sa condamnation (par exemple une **amende** ou **pas d'amende...**).

Tribunal correctionnel

Pour le **délit (infraction grave)** qu'il a commis, Alphonse est **jugé par le tribunal correctionnel**. Il a un **avocat** qui le défend et un **procureur** qui l'accuse et demande aux **juges** de le punir. Le, ou les juges, décident si Alphonse est **relaxé ou puni** (par une **amende**, un **travail d'intérêt général** ou la **prison**).

Cour d'assises

Pour le **crime (infraction très grave)** qu'il a commis, Gustave est **jugé par la cour d'assises**. 3 **juges** et 9 **jurés** décident de son **innocence** ou de sa **culpabilité** et de sa **peine**.

Infraction : action interdite par la loi.

Relaxé : dire par jugement qu'un accusé n'est pas coupable.

Juré : citoyen tiré au sort pour décider du verdict avec les juges dans une Cour d'assises.

Appel et cassation

• Si Jules, Alphonse ou Gustave **pensent qu'ils ont été mal jugés**, ils peuvent **faire appel**. Ils vont être **jugés une nouvelle fois** par un **autre tribunal**, la **cour d'appel**, qui peut **modifier ou confirmer le jugement** précédent.

• Si Jules, Alphonse ou Gustave trouvent que les **juges** n'ont **pas respecté le droit**, ils peuvent **saisir la Cour de cassation qui se trouve à Paris**. Celle-ci vérifie que la **loi** a été **correctement appliquée** par les tribunaux et la cour d'appel. Si ce n'est **pas le cas**, elle peut **casser le jugement**. Jules, Alphonse et Gustave devront être **rejugés**.

À retenir

1 **Un procès pénal se déroule selon certaines règles.**

2 **Il est dirigé par le président, un juge, qui peut être assisté de deux autres juges et de jurés.**

3 **À sa gauche, une partie des jurés, le greffier et l'accusé avec son avocat.**

4 **À sa droite, l'autre partie des jurés, le procureur, les victimes et leur avocat.**

5 **Devant lui, les témoins et le public.**

Dans la salle du tribunal

(représentation d'une cour d'assises)

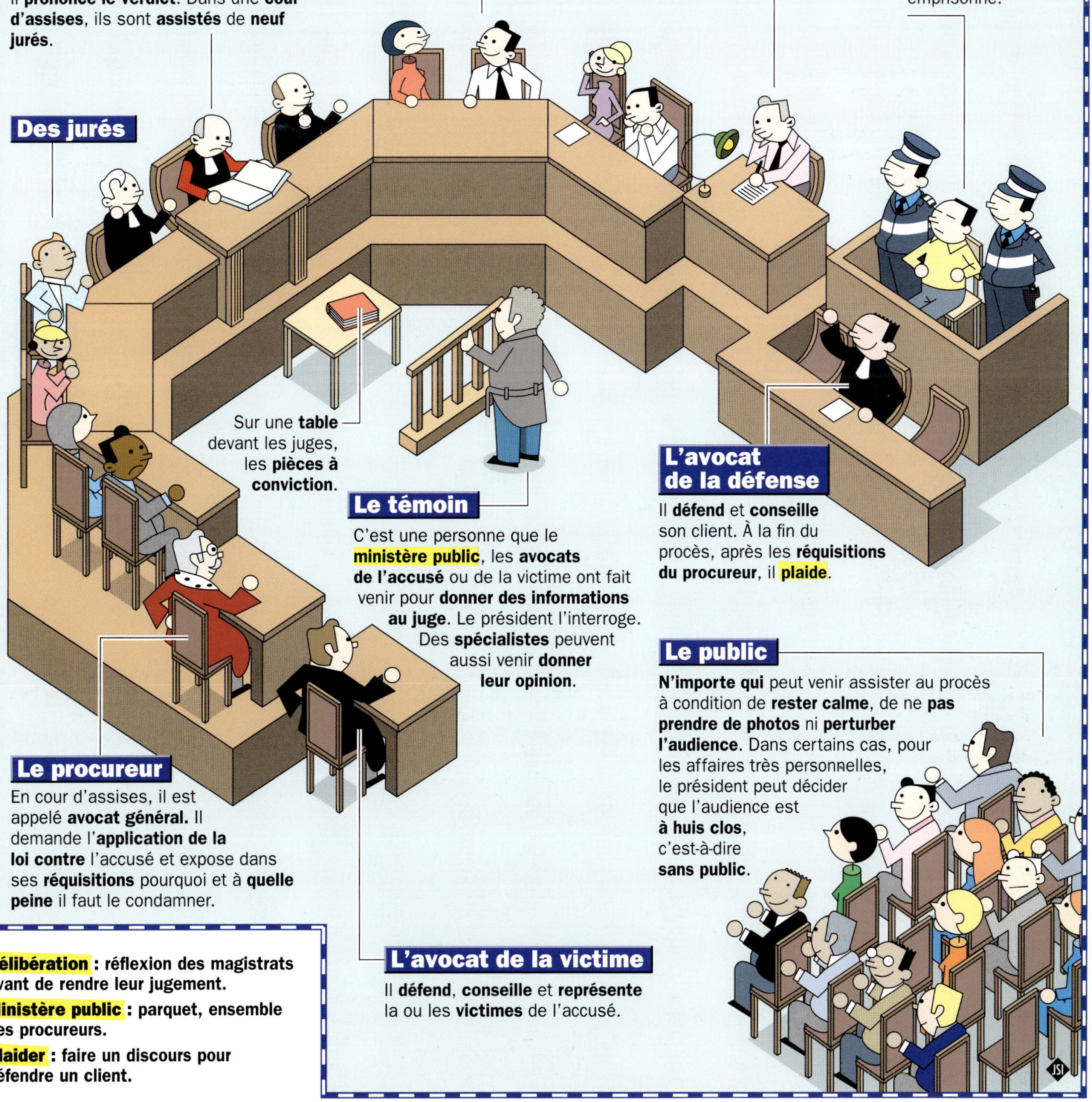

Les juges

Le **président** du tribunal est généralement **assisté de deux autres juges**. Il **dirige** le procès, donne la parole puis, après les **délibérations**, il **prononce le verdict**. Dans une **cour d'assises**, ils sont **assistés** de **neuf jurés**.

Des jurés

Le greffier

Il **note tout** ce qui se dit et ce qui se passe pendant le procès.

L'accusé

Derrière son avocat, il est **encadré par des policiers** s'il est emprisonné.

Des jurés

Sur une **table** devant les juges, les **pièces à conviction**.

Le témoin

C'est une personne que le **ministère public**, les **avocats de l'accusé** ou de la victime ont fait venir pour **donner des informations au juge**. Le président l'interroge. Des **spécialistes** peuvent aussi venir **donner leur opinion**.

L'avocat de la défense

Il **défend** et **conseille** son client. À la fin du procès, après les **réquisitions du procureur**, il **plaide**.

Le public

N'importe qui peut venir assister au procès à condition de **rester calme**, de ne **pas prendre de photos** ni **perturber l'audience**. Dans certains cas, pour les affaires très personnelles, le président peut décider que l'audience est **à huis clos**, c'est-à-dire **sans public**.

Le procureur

En cour d'assises, il est appelé **avocat général.** Il demande l'**application de la loi contre** l'accusé et expose dans ses **réquisitions** pourquoi et à **quelle peine** il faut le condamner.

L'avocat de la victime

Il **défend**, **conseille** et **représente** la ou les **victimes** de l'accusé.

Délibération : réflexion des magistrats avant de rendre leur jugement.

Ministère public : parquet, ensemble des procureurs.

Plaider : faire un discours pour défendre un client.

À retenir

1 Quand une personne est condamnée, il faut qu'elle accomplisse une peine.

2 Pour les infractions les moins graves, elle doit payer une amende (de l'argent).

3 Pour les infractions plus importantes, ce peut être une privation de droits (il n'est plus possible de faire certaines choses) ou un travail d'intérêt général.

4 La prison est réservée aux infractions les plus graves et aux crimes.

5 Le juge de l'application des peines vérifie que la peine est bien accomplie.

Les différentes peines

Les peines au tribunal de police

Au maximum : des **amendes jusqu'à plusieurs milliers d'euros** ou des peines de **privation ou** de **restriction des droits**.

Les peines au tribunal correctionnel

Au maximum : un **emprisonnement** jusqu'à **20 ans**.

Les peines à la cour d'assises

Au maximum : la **réclusion à perpétuité**, qui, en France, est souvent raccourcie.

L'amende

C'est une **somme d'argent qu'il faut payer**. En matière de **circulation**, cela va de **11€** (par exemple pour un stationnement interdit) **à plusieurs milliers d'euros** (par exemple pour une assurance de voiture non payée). Si l'amende n'est **pas payée à temps**, elle peut être **majorée**.

La privation ou restriction des droits

La **personne condamnée** ne peut **pas profiter de certains droits** pendant un **certain temps** (par exemple le retrait de permis de **conduire**, l'interdiction de détenir une **arme**, de faire des **chèques**, de pratiquer **certains métiers**, d'aller dans **certains endroits**...).

Le travail d'intérêt général

C'est une **alternative à la prison**. S'il est d'**accord**, le condamné va travailler de **40 à 210 heures** pour une **mairie** ou une **association sans être payé** (par exemple débroussailler un endroit ou aider certaines personnes...).

L'emprisonnement

Le **condamné** va vivre pour un certain temps dans une **prison**. Il ne peut **pas en sortir** et a juste le **droit de recevoir des visites**. S'il se **comporte bien**, il pourra rester **moins longtemps** que prévu.

Majorer : augmenter.

Alternative : autre choix.

Réclusion à perpétuité : emprisonnement à vie.

Semi-liberté : régime dans lequel le détenu exerce une activité ou suit un traitement médical le jour et rentre en prison le soir.

Le juge de l'application des peines

C'est un **juge qui s'occupe des condamnés après le procès**, et **vérifie** qu'ils accomplissent leur **peine**. Si les détenus font des efforts, **il peut raccourcir leur peine** pour qu'ils sortent plus vite de prison **ou les assouplir** avec par exemple des **permissions de sortir** ou une **semi-liberté**.

À retenir

1 **Les prisonniers dorment et mangent dans des cellules.**

2 **Chaque jour, ils peuvent sortir pendant un temps limité dans une cour, c'est la promenade.**

3 **Ils peuvent parler à leurs visiteurs au parloir.**

4 **Mais ils peuvent aussi travailler, faire du sport et des études.**

5 **Les surveillants pénitentiaires et les conseillers d'insertion s'occupent d'eux en prison.**

Les prisons

Prévenu ou condamné

Quand une personne incarcérée n'a **pas encore été jugée**, c'est un **prévenu**. Quand elle a **été jugée**, c'est un **condamné**. Les enfants de plus de 13 ans peuvent être en prison, mais ils sont séparés des adultes. Aujourd'hui en France, il y a **plus de détenus que de places** disponibles.

Dans les **miradors**, des **surveillants armés** pour empêcher les **évasions**.

Les activités

S'ils le veulent, les prisonniers peuvent **travailler** (par exemple fabriquer des meubles ou imprimer des documents...) et **gagner de l'argent**. Ils peuvent aussi aller à la bibliothèque, faire du **sport**, des **études**, suivre une **formation** pour **avoir un métier quand ils sortiront** de prison.

La promenade

Chaque jour, les prisonniers peuvent sortir pendant un temps limité dans une **cour**. Certains sont isolés car ils doivent être protégés ou être séparés de complices, ou parce qu'ils sont dangereux.

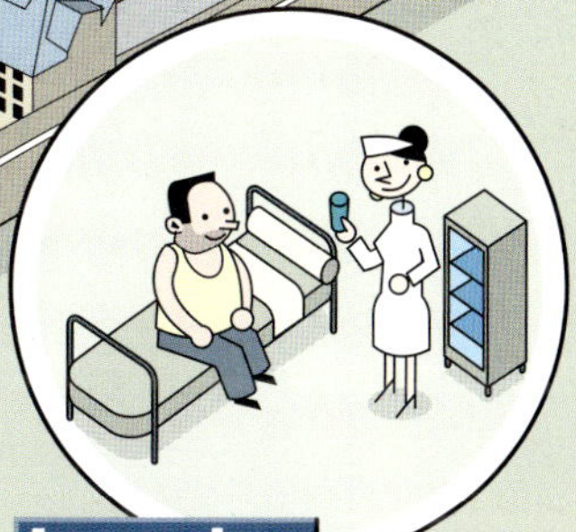

Les soins

Les détenus, en cas de besoin, sont **soignés par des médecins et des infirmiers** dans le cabinet médical de la prison.

Le parloir

Les prisonniers peuvent **parler un moment** avec ceux qui viennent les voir au **parloir.**

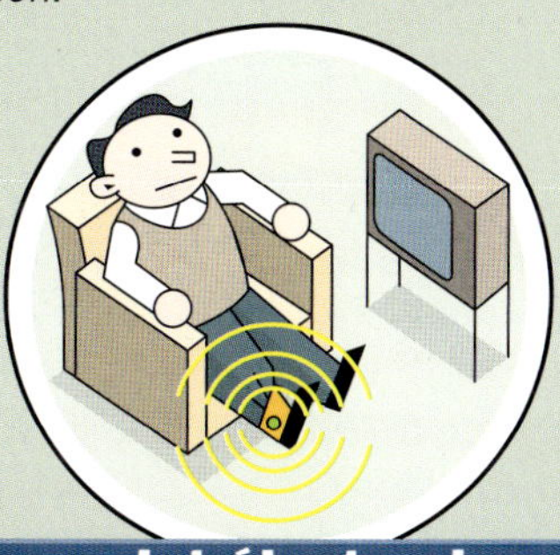

Le bracelet électronique

C'est un **bracelet** qui se met **autour de la cheville ou du poignet** et qui ressemble à une grosse montre. Il **déclenche une alarme** si le condamné n'est pas chez lui aux horaires définis par le juge.

La cellule

C'est la **chambre** du détenu dans laquelle il est **seul ou avec d'autres** détenus. Il peut avoir une **télévision payante.**

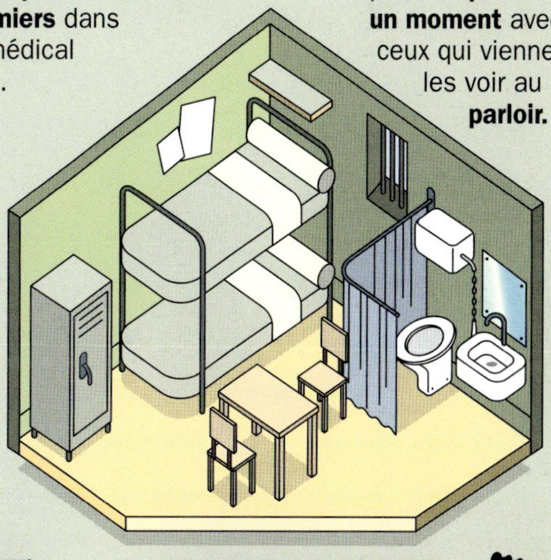

Les conseillers d'insertion

Ils **aident les prisonniers** à préparer leur vie après la prison, **organisent** des **activités** et des **formations.**

Les surveillants pénitentiaires

Ces **23 000 fonctionnaires en uniforme** du ministère de la Justice surveillent et encadrent la **vie quotidienne** des détenus.

Incarcérer : emprisonner.
Insertion : retour à une vie normale.
Formation : enseignement d'un métier, d'une technique.

À retenir

1 **Chaque pays a son histoire, ses traditions et son système de justice.**

2 **Dans certains pays, il y a même plusieurs systèmes de justice différents comme en Suisse, aux États-Unis ou au Royaume-Uni.**

3 **Les juges peuvent être bénévoles (Royaume-Uni) ou élus (Suisse, États-Unis).**

4 **Dans les pays non démocratiques, les juges ne sont pas indépendants.**

La justice dans d'autres pays

En Angleterre

Les **juges** sont presque tous **bénévoles** (ils ont un autre métier et ne sont pas payés pour juger) et sont **conseillés par des spécialistes**. Comme les avocats, les juges doivent **porter une perruque**.

En Écosse

Les **juges** sont **professionnels** (pas comme en Angleterre) et s'appellent des «**shérifs**».

Aux États-Unis

Les **50 États** ont chacun un **système judiciaire différent**. En général, **les juges sont élus**. Toute personne qui est **en prison avant son procès** peut être **libérée sous caution** (contre une somme d'argent).

Dans les pays non démocratiques

C'est le règne de l'arbitraire : les juges ne sont pas indépendants. La peine de mort peut être appliquée pour de petits délits.

En Suisse

Les **juges** sont **élus pour 1 à 10 ans**. Selon les **cantons**, ce sont les **citoyens**, les **députés** ou les **autres juges** qui les **élisent**. Ils ne sont **pas obligés** d'avoir fait des **études de droit**. Il y a autant de systèmes judiciaires que de cantons (23).

En Italie

Il existe des **tribunaux spéciaux pour les Eaux publiques**, qui jugent les nombreux conflits sur la répartition des eaux entre **particuliers**, **agriculteurs** et **pouvoirs publics**.

Indépendant : qui n'est sous le contrôle de personne.

Arbitraire : décidé sans se soucier de la loi ou du droit.

Particulier : simple citoyen.

Parents, votre opinion nous intéresse !

Si vous faites partie des 100 premières réponses, vous recevrez **en cadeau Les Docs des Incollables** de votre choix.

Vous avez découvert Les Docs des Incollables pour la première fois :

❑ En magasin ❑ Par votre enfant qui les a vus à l'école
❑ Par les médias en général ❑ Par des amis, la famille
❑ Via *Mon Quotidien* ou *Le Petit Quotidien*
❑ Autre : ....

Quel(s) autre(s) titre(s) de cette collection possédez-vous ?

❑ Les chevaux ❑ La géographie de la France
❑ La conquête de l'Espace ❑ La Grèce antique
❑ Le corps humain ❑ Le Moyen Âge
❑ Les dauphins et baleines ❑ Les premiers hommes
❑ Le débarquement ❑ Les planètes
❑ Les dinosaures ❑ Le président de la République
❑ L'énergie ❑ La protection de l'environnement
❑ L'Égypte ❑ La 1re guerre mondiale
❑ L'Empire romain ❑ La 2nde guerre mondiale
❑ L'Europe et l'Euro ❑ Les rois de France
❑ La Gaule et les Gaulois ❑ La révolution française
❑ La génétique ❑ Aucun, c'est le premier que vous achetez

Le titre dont est issu ce questionnaire :

❑ Vous l'avez acheté à votre enfant ❑ Votre enfant l'a reçu en cadeau
❑ Votre enfant l'a acheté

À quel enfant ce titre est-il destiné :

Son année de naissance : .... Son sexe : ❑ garçon ❑ fille

Votre enfant s'est intéressé à ce documentaire :

❑ Pas du tout ❑ Beaucoup
❑ Un peu ❑ Énormément

L'a-t-il emporté à l'école ? ❑ Oui ❑ Non

À quelle occasion avez-vous acheté ce titre : (plusieurs réponses possibles)

❑ Pour approfondir un thème scolaire
❑ Dans le cadre d'un exposé à faire à l'école
❑ Par intérêt de votre enfant pour le thème
❑ Sur demande de votre enfant
❑ Pour un cadeau
❑ Sans occasion particulière
❑ Autre : ....

Quel(s) autre(s) titre(s) achèteriez-vous probablement dans la collection ?

❑ Le football ❑ Les grandes inventions ❑ L'histoire de France
❑ L'Amérique ❑ Les Media et Internet ❑ La Renaissance
❑ L'Afrique ❑ La musique ❑ Le siècle des Lumières
❑ Les drapeaux ❑ Napoléon ❑ Les religions
❑ Les volcans ❑ Louis XIV et Versailles
❑ La naissance de la vie ❑ Les grands personnages de l'histoire de France

❑ Autres : ....

Qu'aimez-vous particulièrement dans cette collection ?

....

Quelles améliorations apporteriez-vous à cette collection ?

....

Pour vous, cette collection s'adresse à des enfants de : .... à .... ans.

Est-ce que vous possédez d'autres livres ou jeux à marque Incollables ?

❑ Oui ❑ Non Si oui, le(s)quel(s) : ....
....

Les DOCS des INCOLLABLES
ont été conçus avec
une équipe d'experts.
Si toutefois vous constatiez
une erreur ayant échappé
à notre vigilance, merci
de nous écrire à :
Éditions Play Bac
33, rue du Petit-Musc
75004 Paris

Cet ouvrage a été conçu et réalisé sous la direction de Play Bac et en liaison avec le Service d'Information et de la Communication du ministère de la Justice. Nous tenons à remercier pour leur contribution : JSI, Amélie Blanquet, Alain Pichlak, Laure Maj, Roc Pré-presse, Valérie d'Anglejan, Marie Pèbre.

Parents,
votre opinion nous intéresse !

Précisez ici le titre que vous aimeriez recevoir en cadeau* :

- ❑ Les chevaux
- ❑ La conquête de l'espace
- ❑ Le corps humain
- ❑ Les dauphins et baleines
- ❑ Le débarquement
- ❑ Les dinosaures
- ❑ L'Égypte
- ❑ L'Empire romain
- ❑ L'énergie
- ❑ La Gaule et les Gaulois
- ❑ La Grèc e antique
- ❑ La génétique
- ❑ La géographie de la France
- ❑ La météo et les climats
- ❑ Le Moyen Âge
- ❑ Les planètes
- ❑ Les premiers hommes
- ❑ Le président de la République
- ❑ La première Guerre mondiale
- ❑ La protection de l'environnement
- ❑ La révolution française
- ❑ Les rois de France
- ❑ La seconde Guerre mondiale

NOM : .... PRÉNOM : ....

ADRESSE : ....

....

CODE POSTAL : .... VILLE : ....

Numéro de téléphone : ....

Courrier électronique : ....@.....................................

Nombre d'enfants de moins de 16 ans dans la famille :

❑ 0 ❑ 1 ❑ 2 ❑ 3 ❑ 4 et plus

Précisez l'âge des enfants : ....

* pour les 100 premières réponses

En application de la loi informatique et liberté du 06/01/78, les informations ci-dessus sont facultatives et permettent à la société Play Bac de réaliser cette enquête. Vous pouvez vous opposer à tout échange ou cession de ces informations en cochant cette case ❑

LA JUSTICE EN FRANCE

Affranchir
au tarif
LETTRE

ÉDITIONS PLAY BAC

33, rue du Petit-Musc

75004 PARIS